Ein Schneckenbuch

Herderbücherei Band 1304

Über die Herausgeber

Gaby Melcher, Sozialpädagogin, 1951 in Triberg im Schwarzwald geboren, wohnt in Hugsweier bei Lahr; hat durch ihre Arbeit und durch viele Reisen die Erfahrung gemacht, daß es auf der ganzen Welt Menschen gibt, die bereit sind, sich zu verändern und sich für ein besseres Leben einzusetzen. Das sind mutmachende Erfahrungen, die sie gerne weitergeben möchte.

Bernhard Kraus, Theologe, 1953 in Karlsruhe geboren, wohnt in Kirchzarten bei Freiburg, verheiratet, hat „trotz allem“ die Hoffnung, daß seine drei Kinder auf dieser Erde eine Zukunft haben. Er erzählt vom Suchen nach einem sinnvollen und spannenden Leben mitten in unseren Alltagserfahrungen und von der befreienden Kraft des Glaubens, z. B. in „Schneckensprüche“ (Herder 1985) und Beiträgen in „anstiftungen“ (Herder 1982) und „wagnisse“ (Herder 1984).

Seit einigen Jahren fordert sie ihre berufliche Tätigkeit als Bildungsreferenten in der kirchlichen Jugendarbeit immer wieder neu zu Gesprächen mit Jugendlichen und Erwachsenen heraus. Gedanken und Fragen sind in ihre Bücher eingeflossen.
Ihre großen Leidenschaften sind: leckere Vollkornrezepte, handgestrickte Pullover, Tag-Träume, Spurensuche im Alltag, Briefe bekommen und beantworten ... und natürlich: Bücher lesen, Bücher machen ... doch vor allem: die fast unergründliche Lebensphilosophie der Schnecken.

Höchste Zeit zu leben

Herausgegeben von
Bernhard Kraus und Gaby Melcher

Herderbücherei

Originalausgabe
erstmals veröffentlicht als Herder-Taschenbuch
Buchumschlag: Walter Emmrich
Umschlagfoto: Werner Bleyer

Herder Freiburg · Basel · Wien
Herstellung: Freiburger Graphische Betriebe 1986
ISBN 3-451-08304-3

INHALT

VORWORT

Warum „Höchste Zeit zu leben"? – Ich lebe doch die ganze Zeit!
Schon – aber jeder hat manchmal auch das Gefühl: Es bleibt mir kaum Zeit ... Die Zeit rennt mir davon ... Der Tag läuft an mir vorbei ... Mal Langeweile, mal Streß ... Schon wieder ein Tag vorbei, eine Woche, ein Monat, ein Jahr ...?
Wir wollen mit unserem Buch Mut machen, aus unserer Zeit etwas Sinnvolles zu machen – ohne Panik, ohne Resignation, ohne Flucht in Illusionen. Also Mut, nicht so durch den Tag zu stolpern, sondern mit allen Sinnen wach zu sein. Mut, sich nicht zu verdrücken, wenn's brenzlig wird, sondern Spannungen auszuhalten. Mut, nicht jede Mode mitzumachen, sondern seinen eigenen Lebensstil zu finden. Mut, nicht mit einem möglichst bequemen Leben zufrieden zu sein, sondern auch Verantwortung für Natur und Menschen zu übernehmen. Wir meinen, daß so unser Leben ein mutiges, spannendes, hoffnungsvolles Leben wird – manchmal gelingt's, dann ist es wie ein beflügelnder Traum, manchmal bleibt es nur eine ferne Sehnsucht, die uns wach hält.
Wie unser erstes „Schneckenbuch" („Entdecke, was in Dir steckt", Herderbücherei Nr. 1275) ist auch dieses Buch ein Werkstatt-Buch. Die Texte sind zum großen Teil von Jugendlichen geschrieben, die keine „Dichter" sind, aber doch einen Weg gefunden haben, ihre Gedanken und Gefühle in treffende Worte zu fassen. Wir wollen, daß die Texte anregen zum Weiter-

denken, zum Darüber-ins-Gespräch-Kommen und auch dazu, selbst große oder kleine neue Lebensschritte zu wagen.
Auch die von Erwachsenen verfaßten Texte können zeigen, daß die Sehnsucht nach Leben viele Menschen miteinander verbindet.
Mit „Höchste Zeit zu leben" geben wir auch praktische Anregungen zum „bewußter" leben weiter. Vielleicht ist es ein erster Schritt für manchen, einmal eigene Erlebnisse und Gedanken aufzuschreiben – z. B. in einem Tagebuch.
Trotzdem haben wir einen großen Wunsch an unsere Leser: Bitte vergeßt vor lauter Lesen das Leben nicht!

Gaby + Bernhard

Es waren einmal drei kleine Schnecken, die waren nicht zufrieden mit ihrem Leben und mit ihrem Land. Als sie hörten, daß im fernen Regenbogenland alles Kleine groß würde, alles Mißachtete zu Ehren käme und überhaupt alles in einem neuen Licht erscheine, da beschlossen sie, dieses Land zu suchen. Also ließen sie alles hinter sich und wanderten über Stock und Stein immer der aufgehenden Sonne entgegen, denn in dieser Richtung müsse das Land zu finden sein.

Die erste Schnecke eilte voller Hast und Ungeduld weit voraus. Nur widerwillig wartete sie auf ihre Gefährten. In ihren Gedanken war sie schon am Ziel des Weges. In den schönsten Farben malte sie sich aus, wie wunderbar das Leben im Regenbogenland sein wird.

Die zweite Schnecke kroch nur langsam hinterher, denn sie hatte schwer zu tragen: Ihr Haus war voll von Zweifeln und Bedenken, ob es richtig war aufzubrechen. Je weiter sie gingen, um so stärker wurde ihre Sehnsucht, in die alte Heimat zurückzukehren und nicht weiter einer ungewissen Zukunft entgegenzugehen.

Die dritte Schnecke ging auch nicht gerade schnell, aber doch voller Ausdauer. Sie verschwendete nicht viele Gedanken auf das, was hinter ihnen lag, und machte sich nicht viele Sorgen um die Zukunft. Dafür hatte sie Augen für manches Schöne am Wegrand,

und sie freute sich schon jetzt daran, wie die Sonnenstrahlen die bunten Sandkörner zum Glitzern brachten.
Nach einigen Tagen stand ihnen ein riesiges Gebirge im Weg. „Wir dürfen keine Zeit verlieren. Wir müssen hinüber“, drängte die erste Schnecke voller Tatendrang.
„Wartet“, bat die zweite, „mein Haus ist zu schwer. Ich kann nicht mehr. Wir sollten lieber umkehren. Wer weiß, ob es uns gelingen wird, dieses Gebirge zu überwinden.“ Doch die erste Schnecke ließ diese Bedenken nicht gelten und versuchte, die zweite zu einer letzten Anstrengung zu ermutigen: „Du wirst sehen, bald wird alle Plage ein Ende haben, und wir leben glücklich am Ziel unserer Wünsche.“ Doch alle Überzeugungskunst fruchtete nichts, und schließlich bat die zweite Schnecke ihre Kameraden, sie zurückzulassen und allein weiterzuziehen.
Also bestiegen die beiden das Gebirge, die eine stürmisch, die andere bedächtig. Endlich waren sie auf dem Gipfel angelangt und konnten das ganze Land überblicken. Doch ringsum war nichts als eine kahle Steinwüste zu sehen – keine Spur vom erhofften Regenbogenland.
„Ich kann nicht mehr“, sagte die eine atemlos, und ihre Stimme war voller Trauer und Enttäuschung, denn jetzt hatte sich ihre ganze Hoffnung zerschlagen: „Der

Weg war sinnlos und alle Mühe umsonst. Es gibt kein Regenbogenland." Sie beschloß, nicht mehr in die Wüste hinabzusteigen, verkroch sich in ihrem Haus, verschloß die Türe hinter sich und fand wenigstens in ihren Träumen ein Land voller Freude und Glück.
So war schließlich nur noch die letzte Schnecke auf dem Weg. Gemächlich und ohne Ungeduld ging sie voran. Mit jedem Schritt entdeckte sie Neues, hatte manche Mühen und Abenteuer zu bestehen und – Ihr werdet es nicht für möglich halten – eines Tages kam sie tatsächlich im verheißenen Land an.
Am Fuße jenes Gebirges aber sitzt heute noch eine Schnecke, die zögert und zaudert, ob sie umkehren oder bleiben solle. Auch die andere ist noch in ihrem Schneckenhaus. Sie merkt es fast nicht, wie ihr Traum vom Leben immer blasser und farbloser wird.

Bernhard Kraus

Das Schlimmste wäre: blind am Leben vorbeizurennen

ES IST ZEIT

– jeden Tag bewußt zu beginnen

– auf Kleinigkeiten zu achten

– den Wechsel der Zeit wahrzunehmen

– zu spüren, daß jeder Tag einmalig ist

– die Zeit als ein Geschenk anzunehmen

– mitten im Alltag Höhen und Tiefen zu entdecken

– leere Betriebsamkeit zu unterbrechen

– ein Fest zu feiern

– sich zu freuen und dankbar zu sein

– sich zurückzuziehen und traurig zu sein

– jeden Tag bewußt zu beenden

– — — — — — — — — — — — — — — —

– — — — — — — — — — — — — — — —

– — — — — — — — — — — — — — — —

Nicht so durch den Tag stolpern

EIN TAG?

Wie ist der Tag?
Ist er grau?
Macht er mir Angst?
Hat er ein Gefüge?

Schau ihn an!

In der Morgendämmerung
kannst du das Erwachen des Tages
spüren.

Lerne den Tag kennen!

Nimm dir einen ganzen Tag lang
Zeit für dich.

Erfahre den Tag
in all seinen Kleinigkeiten.
Gerade sie machen den Tag
so lebens- und liebenswert.

Michaela Striebich

Ich will nicht so in den Tag
hineinstolpern.
Ich will die Zeit nicht einfach
verrinnen lassen.
Ich will nicht so an den Menschen
vorbeihasten.
Ich will nicht mehr länger vor mir
davonlaufen.

Hilf mir
anzuhalten,
Luft zu holen,
damit ich mich selbst
einholen kann.

Dann treffe ich mich,
sage stammelnd ein liebes Wort
zu mir,
und wir gehen
langsam weiter.

Bernhard Kraus

in der kühle
am frühen morgen
in einer wiese stehen

tief einatmen
die arme ausbreiten
der sonne entgegen

da sein

den neuen tag begrüßen
wie einen guten freund

Sabine Dziobek

am anfang
ist alles noch
wie eine offene hand
voller erwartung
wie ein raum
ganz gefüllt mit schweigen
und alle worte
sind noch am anfang
und die musik
spielt leis und fern
aber sie bringt schon
den tag zum tanzen

Bernhard Kraus

Ich mag dich,
trotz, oder gerade wegen
deiner rissigen braunen Haut,
deiner Wärme, die du auch
an tristen Tagen ausstrahlst,
das Gefühl,
am Ende eines Arbeitstages
angelangt zu sein, das
du mir wie keine andere
vermitteln kannst.
Ich mag dich,
obwohl du
nur die Tür
bist, zu meinem Zimmer.

Stefan Hettich

Immer mit dem Kopf durch die Wand...

Nicht vergessen!

SCHLAF

träges Gift
durchfließt die Seele
die ganze Welt
in cinemascope
die Gedanken in einem Wattebausch
gut isoliert
Arme, Beine
alles irritiert
leicht blockiert
MÜDE

langsam dann der Horizont erlischt
sich der Traum mit Realität vermischt
die letzte Klarheit noch entwischt

wandelt
sich das träge Gift
in Nektar labend frisch
von Zwergen zubereit'
von Feen dargereicht
in einem Reich
der freien Phantasie

Stefan Hettich

HEIMKEHR

Langsam verlischt das Licht der letzten Kerze
Der erste Atemzug schmeckt nach kaltem
Rauch

Freude steigt in mir hoch
wie die Sonne, wenn sie durch düstere
Wolken bricht

Der Tag geht seinen Weg
Der Nebel kommt
Der erste Bote der Nacht grüßt mich
Mutter Nacht schließt mich sanft in ihre
dunklen Arme
Ich bin daheim

Marianne Kreichgauer

TAGGEDANKEN
DÄMMERUNGSAHNUNGEN
NACHTGEFÜHLE

Die Nacht macht Dich groß –
Du kannst die Sterne mit Deinen Händen berühren.

Licht macht den Himmel dunkel,
läßt Sterne verblassen.
Dämmerung, die alles zärtlich verzaubert –

Abendröte,
Feuerhimmel, der langsam erlischt –
Das immer leiser werdende Singen der Vögel,

geheimnisvolle Ruhe.

Die Silhouette eines Baumes gegen den Himmel –

Der Duft des Abends
Der erste Stern.

Veronika Schlör

wie lange warte ich schon
bis endlich etwas geschieht
ob vielleicht einer kommt
oder sollte ich doch lieber selbst losgehen?

SONNTAG

Endlich Sonntag
ausschlafen
die Hektik der Woche vergessen

Entspannen und ruhig werden
und den Tag genießen
aber erstmal Frühstück im Bett
zur Mittagessenszeit

Störend wirkt nur
das überlaute Läuten
der Kirchenglocken
in aller Frühe ...

Sonntag?

Thomas Heitlinger

SONNTAG

wenigstens heute
keine Alltagskleider anziehen
die betriebsame Langeweile hinter mir lassen
in ein Gleichgewicht kommen
nicht an der Oberfläche bleiben

vielleicht heute
ohne Hast am Tisch sitzen
ein lang versiegtes Gespräch
wieder aufnehmen
ein Licht anzünden
ein Fest feiern

warum nicht heute
ein Lied singen
ein Spiel spielen
schweigen und hören
einen Brief schreiben

gerade heute
einen neuen Anfang suchen
die Faust öffnen
ein Vorurteil aufgeben
einen Schritt wagen

hoffentlich heute
spüren, wie der Friede schmeckt
ahnen, wo der Himmel ist
glauben, daß alles gut wird
Vertrauen schenken

nur heute
die Welt annehmen wie sie ist
nichts verändern wollen
alles lassen können
mich vor nichts fürchten

wenigstens heute
etwas zum Loben finden
von Gerechtigkeit träumen
darauf bauen, daß alles
neu werden kann

Bernhard Kraus

Lieber Hausschlüssel,

schon lange wollte ich Dir einmal schreiben. Ich kenne Dich und Du mich schon eine Ewigkeit lang, weil Du – seit ich mich zurückerinnern kann – in unserer Garage an einem geheimen Platz hängst. Eigentlich bist Du gar nicht so wichtig, weil Du ja nur der Reserveschlüssel bist und dort nur für den Fall des Falles hängst. Aber Dir macht das nicht so viel aus. Getreu wartest Du, bis Dich einmal jemand braucht und sich dann gerne daran erinnert, daß Du ja auch noch da bist.

Heute will ich Dir endlich einmal für die vielen kleinen Alltäglichkeiten danken, die Du immer ohne besonderes Aufsehen für mich getan hast.

Wie oft bin ich vor der verschlossenen Haustüre gestanden, weil ich meinen Schlüssel verschlampt hatte. Dann habe ich Dich aus dem dunklen Versteck geholt, und Du hast mir bereitwillig die Türe aufgeschlossen. Dann wiederum hat Dich wochenlang niemand aus dem Dunklen geholt, keiner hat Dich benötigt, aber Du hast nie deswegen gemurrt. Ich erinnere mich auch noch gerne daran zurück, als ich ein Kind war. Du gabst mir immer ein sicheres und heimatliches Gefühl. Ich mußte nie Angst haben, daß ich nicht ins Haus käme, wenn ich zu früh vom Spielen zurückkam. Du hingst nicht zu hoch für mich, und ich konnte Dich, mit einem bißchen Strecken, bequem erreichen. Dein Versteck ist noch heute der Geheimtip für Verwandte und gute Freunde der Familie. Als Zeichen unseres Vertrauens zeigen wir ihnen, wo Du hängst, damit sie niemals vor verschlossenen Türen warten müssen.

Ich danke Dir auch, daß Du — — — — — — —

— — — — — — — — — — — — — — — — —

Deine Gaby

> Wie könnte der Brief an den Hausschlüssel weitergehen?
> Versuche einmal, kleine alltägliche Dinge mit anderen, bewußten Augen zu sehen und an sie einen Dankesbrief zu schreiben.
> So z. B. an Deinen Füller, an eine Zimmerpflanze, an den Briefkasten ...

ES IST ZEIT

- mit allen Sinnen zu leben
- Gefühle zuzulassen
- meinen Körper zu spüren
- froh zu sein, daß es mich gibt
- wach zu sein
- mich nicht betäuben zu lassen
- mich nicht vertrösten zu lassen
- mich nicht mit Belanglosigkeiten zu verzetteln
- Verantwortung zu übernehmen
- mich mit Sinnlosigkeiten nicht abzufinden
- lieber einen kleinen Schritt zu tun, als stehen zu bleiben
- Hoffnungsspuren zu entdecken
- — — — — — — — — — — — — — — — —
- — — — — — — — — — — — — — — — —
- — — — — — — — — — — — — — — — —

Leben: jetzt!

Leg Dich auf den Boden
und singe Dich aus.
Schreie und flüstere.

Steh auf und tanze Dich aus.
Springe, fliege,
wiege und drehe Dich.

Setz Dich hin und male Dich aus.
Mit den Farben des Regenbogens
und denen der Nacht
lasse Felder erblühen
oder Dunkelheiten schweigen.

Lebe Dich.

Veronika Schlör

dem
der nicht
hinhört und hinsieht
vergeht
hören und sehen

Sabine Dziobek

ich will nicht
den lebbaren tod
ich will
leben

ich will nicht
leben irgendwann
ich will
leben jetzt

Sabine Dziobek

LEIBHAFTIG LEBEN

Wenn es
Deine Augen
nicht gäbe
Dein unverwechselbares Lächeln ...

wenn ich
das Kribbeln
nicht spüren würde,
von Kopf bis Fuß,
wenn wir uns
umarmen,
wenn wir
miteinander schmusen ...

wenn ich Dich nicht an
Deinem Geruch erkennen könnte,
mit geschlossenen Augen,
den Geschmack
Deiner Lippen
nicht von allen anderen
unterscheiden könnte ...

wenn ich nicht den
beruhigenden Rhythmus
Deines Atems
hören könnte,
wenn Du in
meinen Armen
eingeschlafen bist ...

dann würde ich
noch heute
jenen
Saubermännern
glauben,
die behaupten,
unsere Körper
seien
etwas Schlechtes,

dann hätte ich
meinen Körper
schon längst an den
Nagel
gehängt.

Clemens Schaub

GEBURTSTAG

das Leben feiern
die Freude
daß es dich gibt
und niemand sonst
der ist wie du
einzigartig
wie dieses Leben
unser einziges ist

Christel Straub

18. GEBURTSTAG

Voll Stolz stehst du jetzt da
– erwachsen –

Mitten im Leben
mit deiner Vernunft
deiner Bildung
deiner Verantwortung
deinem Selbstbewußtsein

doch
halte in dir nie dem Kind
die Tür
zu
das anklopft
mit
seinen Bedürfnissen
seinen Träumen und
Spielereien
seiner Naivität
seiner Hilflosigkeit.

Andrea Sauermost

SATURDAY NIGHT FEVER

Samstag abend
Treffpunkt Disco
tanzen, lachen, weinen
die Stimmen gehen
unter
im Lärm der Musik

Nur Du bist alleine
stehst an der Ecke
in einsamer Monotonie

Wundert Dich das?

Hier findest Du nicht
wonach Du suchst
Hier ist kein Platz
für Geborgenheit
hier
kannst Du
höchstens krank werden
im
Fieber
der Nacht

Thomas Heitlinger

VERSINKEN

Dann setze
ich
meinen Kopfhörer auf.
Ich tauche
ein
in den Sound,
der mich umgibt.
Ich stelle
keine Fragen,
denn alles ist
Musik.

Ich muß die
Augen öffnen,
denn die
Fragen
klopfen bei mir an.
Setze ich
dann
meinen Kopfhörer auf?

Clemens Schaub

Zeit
abholbereit
mit Stoppuhr und Alarm
mit Datum digital
für 25,95 DM
Zeit
für fast ein Jahr
gut verplant
wasserdicht
geschützt
nicht daß ich
mal vergeß
was ich eigentlich will
nicht daß ich
einmal
zeitlos bin

Stefan Hettich

DER TOD

Ist er nicht eine Begrenzung
unserer Tage
damit wir uns nicht unnötig vertun
damit wir uns nicht verschwenden
damit wir uns nicht verzetteln
mit Belanglosigkeiten
damit wir nicht meinen
alles regele sich
mit der Zeit
von allein

Rainer Kunz

KEINE ZEIT

Ich habe keine Zeit
ich muß Geld verdienen
damit wir leben können

Ich habe keine Zeit
ich muß Überstunden machen
damit ich in die nächste Gehaltsstufe komme
damit wir besser
leben können

Ich habe keine Zeit
ich muß ein Haus bauen
ich muß jede freie Minute ausnützen
damit wir besser leben können

Ich habe keine Zeit
meine Krankheit auszukurieren
ich kann mich jetzt nicht schonen
ich muß mithalten können
damit wir besser leben können

Ich habe keine Zeit
auszuspannen
ich muß noch einen
Fortbildungskurs besuchen
und dieses Geschäft zu Ende
bringen
damit wir besser leben können

Er hatte keine Zeit
zum Scheidungsanwalt mitzugehen
sagte seine Frau
die es satt hatte
daß er keine Zeit hatte
um besser leben zu können

Er hatte keine Zeit
das ist typisch
sagte der Arzt
in der Klinik und
stellte die Diagnose:
Tod durch Herzversagen

und:
Was ist das Leben?
fragte der Pfarrer
bei der Beerdigung
wenn man keine Zeit
mehr hat dafür

Ilse Schulenburg

DORNRÖSCHEN

An diesem Morgen erwachte Herr B. schon früh – noch vor dem Morgengrauen. „Es gibt solche Nächte“, dachte er bei sich, ohne sich weitere Gedanken zu machen. Auch fühlte er sich nicht unwohl oder unausgeschlafen, ganz im Gegenteil, eine ihm schon fast fremd gewordene Lebenslust – so würde er es wohl nennen wollen – beseelte ihn, und er beschloß, die Zeit, die ihm bis zum Frühstück blieb, mit einem Spaziergang auszufüllen.
Als er durch die gläserne Eingangstür des Mehrfamilienhauses – in dem er schon seit Jahren wohnte – auf die noch dunkle Straße trat, spürte er einen – für diese Stunden ungewöhnlich warmen – Luftzug auf seinem Gesicht. Er sog die Morgenluft tief ein, ließ sie langsam wieder ausströmen und ging mit weit ausholenden Schritten die Straße hinab.
„Was für ein Morgen“, dachte er – die Hände tief in den Taschen seines offenen Trenchcoates versteckt, den Kopf sanft hin- und herschaukelnd – und: „Wenn mich jetzt meine Kollegen sehen könnten.“
Niemand war zu sehen, nichts zu hören, und er erinnerte sich an eine Kindheitsvorstellung, in der die Häuser und Straßen, die Autos und Telefonhäuschen auch des Nachts schliefen. Als Kind hatte er das nie nachprüfen können, doch jetzt, da er durch die nächtlichen Straßen seines verkehrsberuhigten Wohnbezirkes ging, schien ihm, als hätten die Autos tatsächlich ihre

dunklen Scheinwerfer geschlossen, und auch die Häuser muteten mit ihren herabgelassenen Rolläden wie ruhende Riesen an. Herr B. musterte eines der Häuser eindringlicher, und sein erster Eindruck verstärkte sich immer mehr. Lächelnd über seine Unvernunft dachte er: „Man ist doch schon ein komischer Mensch", und er begann auf einem Bein auf den Steinen des Randsteines zu hüpfen, ohne dabei auf eine der Fugen zu treten, so hatten sie es als Kinder immer gespielt. Mit der Zeit wurde das zu anstrengend, und er bog in die Südendstraße ein, die ihn zurück zu seiner Wohnung brachte. Ein beinahe vorfreudiges Gefühl auf den noch vor ihm liegenden Tag hatte sich seiner bemächtigt, als er die Wohnungstür aufschloß, Kaffee aufsetzte, Toast in den Toaster tat – im Badezimmerspiegel betrachtete er lange sein Gesicht. Mit den Fingern fuhr er die Konturen der Nase nach, dann über den Mund, und schließlich hoben die Finger langsam von den Wangen ab. Mehr ein Streicheln als ein Nachfahren, mehr ein Bestaunen als die allmorgendliche Pickelsuche, und er lächelte wieder. Er öffnete den Mund und wollte „Guten Morgen" sagen, aber es ging nicht.
So wie man mit aller Willenskraft ein eingeschlafenes Bein vergeblich zu bewegen versucht, so konnte Herr B. einfach nicht „Guten Morgen" sagen. Er konnte überhaupt nichts mehr sagen. Seine Stimme versagte

völlig. Vielleicht ein Katarrh oder eine Erkältung. Er räusperte sich, aber auch dann ging es nicht. „Nein, das glaube ich nicht“, wehrte er sich und schraubte den Kaltwasserhahn auf, um ... aber kein Wasser kam. Da fiel ihm auf, daß er im Dunkeln stand. Hatte er denn kein Licht eingeschaltet? Und er zog an dem Schnürchen der Spiegelbeleuchtung, einmal, zweimal, immer schneller, aber nichts rührte sich. „Was ist hier los“, wollte er sagen, doch seine Stimme war wie angekettet. In wachsender Panik lief er in die Küche, und, wie er beinahe geahnt hatte, der Toast stand noch völlig kalt zwischen den Heizrippen, und der Kaffee hatte die pulverisierte Form noch immer nicht verlassen. Alles deutete auf einen Stromausfall hin, wäre da nicht seine Stimme. Wie ein eiserner Ring um seinen Hals lag dieses dumpfe Schweigen, oder sollte er sagen: diese dumpfe Stummheit? Ein leises Grausen überlief ihn, und er fürchtete sich selbst. Vom Kühlschrank war ein monotones Surren zu hören, und das Ticken der Wanduhr fiel ihm auf. Die Stille um ihn herum und die, die er selbst zu verursachen schien, machte ihm Unbehagen. Wie im Dornröschenschlaf erschien ihm die Küche. Tatsächlich war eben ein wohliges Ächzen vom Küchenschrank zu vernehmen. Auch die Lampe und der Tisch, die Stühle, die Abwäsche erschienen ihm nicht fest und starr wie immer, sondern in ihrer Art entspannt, ruhend, ja – wie wenn sie schlafen würden.

Fast hätte er gewettet, sie würden murren, berührte er sie. Die Unfähigkeit, ein Geräusch zu erzeugen, machte ihm Angst, und er bemerkte, daß sein Schritt lautlos, sein Fingerschnalzen stumm blieb. Alles schlief, nur seine Gedanken waren gnadenlos wach. Die freudige Tagerwartung war längst einer Beklemmung gewichen, die ihren Ausdruck suchte und wie rasend Sturm gegen seine Bauchinnenwand lief.
Er hastete zurück ins Schlafzimmer – und da lag er, zusammengerollt, das Kissen im Arm, nackt – wie es seine Gewohnheit schon seit Jahren war – und er schlief. Langsam beugte er sich über sich und beobachtete die regelmäßigen Bewegungen seiner Brust. Er schlief tatsächlich. Da – auf dem Bett, dieser Mann, das war unzweifelhaft er. Das Gesicht, die Haare, der kleine Bauchansatz, das war Herr B. Vorsichtig erhob er sich vom Bett, um den Schlafenden nicht zu stören, verließ das Zimmer und das Haus. „Werde ich wohl jemals wieder erwachen“, dachte Herr B., als er die dunkle Straße hinabschritt, die von seinem Haus weg, in den Morgen führte.

Georg Veit

LEBENSRECHNUNG

Was bringt's
was soll's
hat's einen Sinn
steht's dafür
was krieg' ich
was geb' ich
was verlier' ich dabei

Mit dem Rechenschieber
die Situationen berechnen
die Gefühle ausmessen
was ist tragbar
was darf ich
was kann ich mir erlauben

der Computer checkt schnell
was bringt's
bringt's was
hat's einen Sinn
was gewinn' ich
was verlier' ich
was darf und was
trau' ich mich
was soll ich
was muß ich
was darf ich nicht

Sich einlassen
bringt nichts
zu groß das Risiko
es steht nicht dafür
und man weiß nie
wie man wieder herauskommt
immer dieser Aufwand
immer dieser Energieverbrauch
wo käm' ich hin
wo würd' ich steh'n
das kann ich mir nicht erlauben

So
kommst du gut
durchs Leben
der Computer funktioniert
immer wie geschmiert
rechnet die Antworten aus
legt die Pläne für dein
Handeln vor
sortiert Ungereimtheiten
und Widersprüche aus
Computer irren nicht
keine Unsicherheiten
kein Risiko

Es klappt alles
wie geschmiert
es läuft alles
nach Plan
in wohldosierten Raten
setzt du dich
dem Leben aus
immer wohltemperiert

nicht zuviel riskieren
so fährst du gut
tust niemandem weh
so schonst du dich
so wirst du alt
und dein Computer
läßt dich nicht im Stich

gut ausgebautes Frühwarnsystem
ständig überwachte Radarstation
ausgeklügeltes strategisches
Abwehrsystem
Handfeuerwaffen
und einige Mittelstreckenraketen
alles immer auf dem neuesten Stand
für deine Rüstung investierst
du viel
und die Bedienungsknöpfe
kennst du genau
da macht dir keiner was vor
x-mal ausprobiert

einzige Nebenwirkungen
aber wirklich ganz
belanglos
harmlos und kaum von Bedeutung

das Herz
macht nicht so recht mit
jedesmal
ein paar Risse
und Sprünge mehr

Ilse Schulenburg

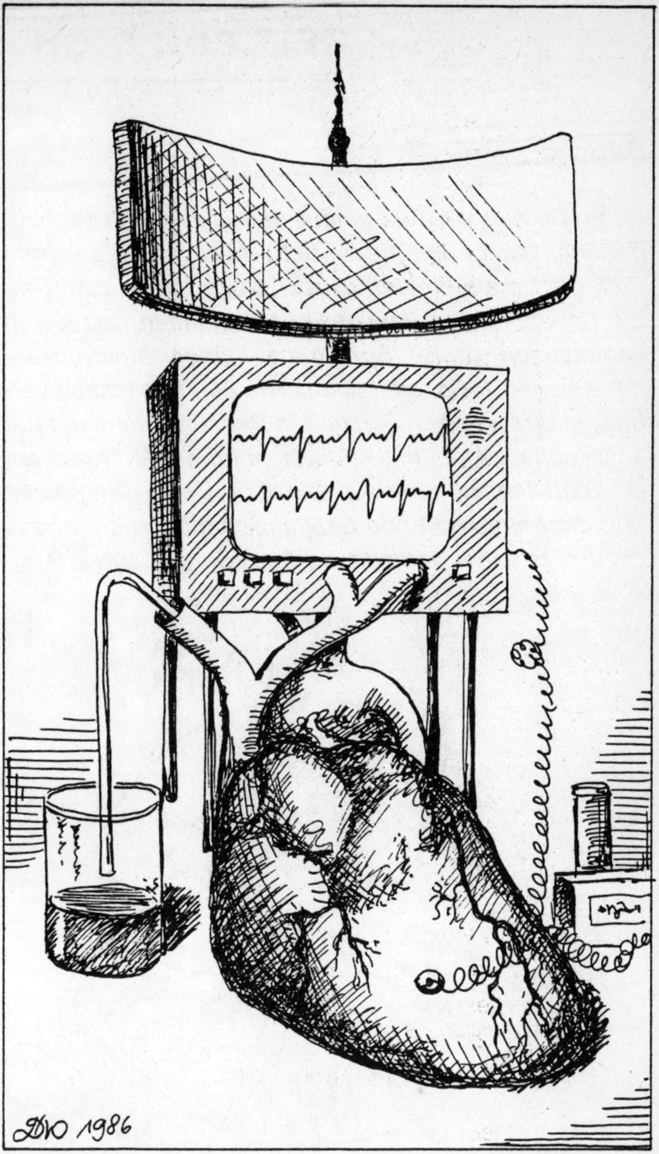
DW 1986

DAS ZEIT-RAD

Nimm Dir hier die Zeit, einmal über Deine Zeit nachzudenken. Das ganze runde Zeitrad voll ist die gesamte Zeit, die Dir als Freizeit gehört. Noch fehlen dem Rad die Speichen. Die kannst Du einzeichnen und durch verschieden große Speichenabstände ausdrücken, mit welchen Tätigkeiten Du Deine Zeit tatsächlich verbringst und welchen Platz sie in Deiner Gesamtzeit beanspruchen. Also, male zuerst einen großen Kreis auf ein Blatt Papier, überlege Dir dann Deine Tätigkeiten und die entsprechende Größe. Schreibe auch jeweils dazu, was damit gemeint ist. Das könnte dann z. B. so aussehen:

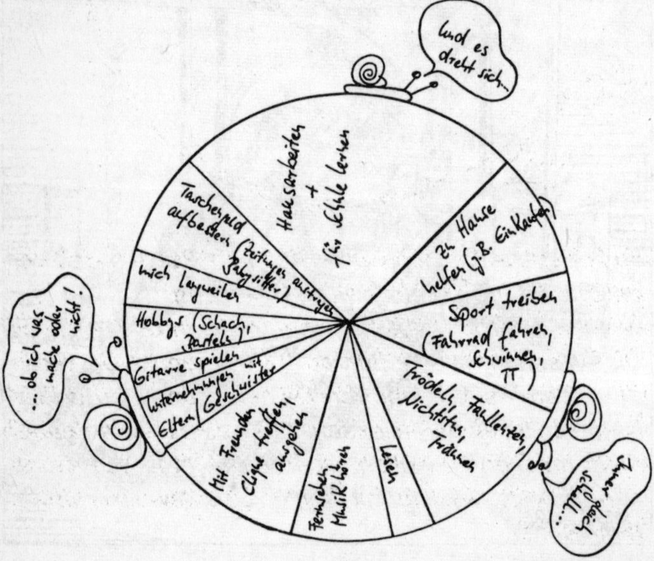

Jetzt schau Dir Dein Zeitrad genau an!
Es zeigt Dir, wie Du Deine Frei-Zeit (außerhalb Schule oder Lehre) verbringst. Bist Du damit zufrieden? Entspricht diese Zeiteinteilung tatsächlich dem, was Dir wichtig ist? Wenn nicht, dann male jetzt Dein Wunsch-Zeit-Rad. Hier kannst Du die Speichen ganz so einteilen, wie Du es gerne auch mit Deiner Zeit tun würdest.

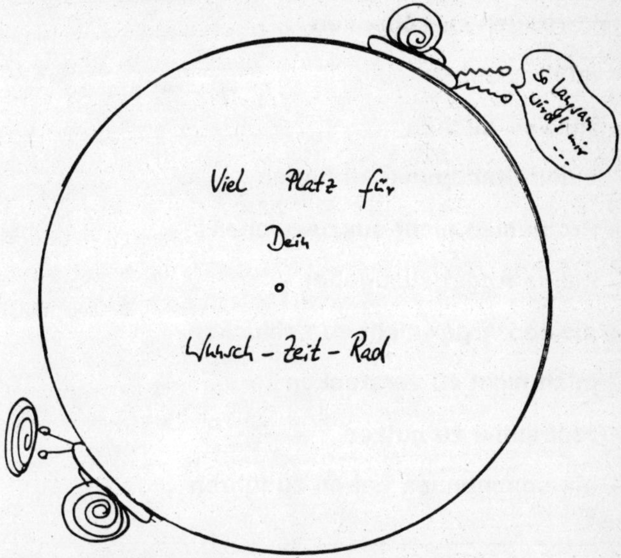

Jetzt schaue Dir auch Dein Wunsch-Rad an, und vergleiche es mit Deiner ersten Einteilung.
Welche Anstöße gibt Dir Dein Wunschrad? Was fällt Dir zwischen den beiden auf? Was kannst Du verändern, damit sich mehr von Deinen Wünschen erfüllt? Natürlich ist es unrealistisch, z. B. keine Hausaufgaben mehr machen zu wollen. Aber vielleicht findest Du einen Hinweis, wie Du mit Deiner Zeit bewußter umgehen kannst.

ES IST ZEIT

- meine Maske abzunehmen
- Mitmenschen nicht in Schubladen zu sperren
- Vertrauen zu schenken
- mißtrauisch zu sein
- Hilfe zu suchen
- einen Standpunkt zu finden
- Problemen nicht auszuweichen
- meine Angst zuzugeben
- meinen Ärger nicht zu schlucken
- mich nicht zu verstecken
- Freiräume zu nutzen
- ein spannendes Leben zu führen
- — — — — — — — — — — — — — — —
- — — — — — — — — — — — — — — —
- — — — — — — — — — — — — — — —

In Spannungen leben

SO?

stehenbleiben wie festgenagelt
gelähmt
aus dem Weg gehen
ausweichen
flüchten
den Blick senken
den Blick auf dir nicht aushalten
den Kopf einziehen
sich hängen lassen
nicht zu dir selber stehen
reden
lachen
albern
Spannung nicht bewußtwerden lassen
nicht konfrontieren
wegschauen
durch die Luft hindurchstarren
ein unbewegtes Gesicht machen
schnell weitergehen
hochmütig schauen
Maske aufsetzen

so
geh' ich mir selber
immer aus dem Weg

ODER SO?

weitergehen
angerührt
stillhalten
standhalten
dableiben
in die Augen sehen
sich anschauen lassen
geradestehen
aufrecht stehen
aushalten
still werden
weinen
ernst sein
Spannung spüren
sich stellen
hinschauen
den anderen anschauen
Unsicherheit zulassen
langsam werden
keine Maske aufsetzen
mich entdecken lassen

mir
nicht
aus dem Weg gehen

Ilse Schulenburg

Du sitzest auf dem Grund
eines tiefen Brunnens
– dunkel, kalt, leer –
das Tageslicht als schwacher Punkt
weit über dir
– unerreichbar –,
du schreist
– aus Hilflosigkeit, Angst –
und hörst nur dein eigenes Echo,

du schweigst
– aus Resignation –,
und die Stille nimmt dir den Atem,

du willst die Wand einreißen
– und schlägst dir nur die Hände wund

und gelangst an den Punkt,
an dem du begreifst,
daß dir nichts bleibt,
als mit eigener Kraft,
die Wand emporzuklettern,

du wirst immer wieder abrutschen
und immer wieder von vorne beginnen
zu klettern,
denn du weißt,
daß du in vollkommener Dunkelheit
nicht überleben kannst.

Und –
vielleicht
hat doch jemand dein Schreien
in der Einsamkeit gehört
und steht oben am Brunnenrand,
um ein Seil herunterzulassen.

Andrea Sauermost

Manchmal brauche ich das
manchmal muß ich mich austoben
manchmal muß ich dich einfach anschreien
alles sagen, was mich ärgert
alles sagen, was mir wehtut
so sagen, wie es in mir ist –
zornig
laut
unsortiert
hart
aggressiv
nicht schon wieder kanalisiert
nicht kontrolliert
nicht gefiltert
schreien möchte ich!
nicht allein deinetwegen
nein – meinetwegen
damit das alles aus mir herauskommt
und mich nicht weiter vergiftet
Hab keine Angst
halt' es bitte aus
nachher mag ich dich wieder

Christel Straub

ICH WILL HIER RAUS

Ich will hier raus
ich hab die Schnauze voll
ich mag nicht mehr
ich weiß wirklich nicht, was das alles soll
ich pass' hier nicht mehr her

Mich kotzt euer leeres Gerede an
mir wird schlecht, wenn ich euch leben seh
ich begreif' nicht, wie man so leben kann
und drum weiß ich ab heute: ich geh'!

Eure Phrasen kann ich schon lang nicht mehr hör'n
eure selbstzufried'nen satten Gesichter nicht mehr
seh'n
ihr wißt es noch nicht, aber ihr könnt mich nicht
zerstör'n
denn bevor's zu spät für mich ist, werd' ich geh'n!

Ihr bekennt keine Farbe
und ihr sagt nicht, was ihr denkt
ihr taktiert nur und handelt überlegt, klug und kalt
ich möcht's rechtzeitig merken, bevor ihr mich lenkt
und drum weiß ich, bei euch werd' ich nicht alt!

Ilse Schulenburg

Hallo Du
mußt en'schuldigen
wei i lach
lach wia a Clown
lach wia a Manager
weißt i hab Angst
a gottsjämmerliche Angst
Angst d'vor
offe zu sin zu dir
daß i mei Herz ufschließ
daß olles siehsch
i hab Angst vor dem Schmerz
der vielleicht kunnt
un i hab Angst
daß d' merksch
uf wa fire halbi Sach ich
mich i lau han

Stefan Hettich

CHARME

mit großen Augen
steh' ich vorm Spiegel
überlege
was mir steht
wie ich wirke
bis
ich so ausseh'
wie das Bild
das andere Leute
von mir haben sollen
ganz selbstbewußt

Stefan Hettich

SEHNSUCHT

Ich möchte
mißtrauisch sein,
wenn ich höre,
daß MAN nur so zu einem
Ergebnis kommt.

Ich möchte
zweifeln,
wenn sie sagen,
daß diese Maßnahmen
notwendig seien.

Ich möchte
verwundbar sein,
wenn Menschen sich das
Leben nehmen
oder in Asylantenheimen
verbrennen.

Ich möchte
anfällig sein
für MITLEID
SCHWÄCHE
OHNMACHT

Ich möchte
immun sein
gegen die
Krankheit der
NOTWENDIGEN
SACHZWÄNGE.

Dann möchte ich
SCHREIEN
und hoffen,
daß mein
SCHREI NACH GERECHTIGKEIT
anschwillt
und wenn er die
Schallmauer
durchbricht
mehr bewirkt
als ein

ATOMARER
VERNICHTUNSSCHLAG.

Clemens Schaub

DEIN BEZIEHUNGSTHERMOMETER

Mit diesem „Beziehungsthermometer" und den Temperaturen, die es Dir anzeigt, kannst Du Dir über Deine Beziehungen zu Deinen Mitmenschen klar werden und schauen, wie wohl Du Dich jeweils dabei fühlst. Gerade mit Menschen, mit denen wir tagtäglich zusammen sind, leben wir oft so achtlos nebeneinander her, ohne ihnen zu zeigen, wie wichtig sie für uns sind oder ohne unsere Schwierigkeiten mit ihnen anzusprechen.

In das folgende Beziehungsnetz kannst Du beliebig viele Personen eintragen, bei denen Du überlegen willst, welche „Beziehungstemperatur" sie Dir anzeigen. Diese Menschen kannst Du aus Deiner Familie und Verwandtschaft, aus Deiner Klasse oder aus Deinem Freundeskreis auswählen und einzeichnen.

Jetzt frage Dein Gefühl, welche Temperatur es Dir jeweils zu der Person anzeigt, so sind z. B. +30° C eine ganz tolle Beziehung, bei der Du Dich rundum wohl fühlst, bei −30° C sieht es hingegen eisig und frostig aus. Natürlich gelten auch die Zwischentemperaturen, hier sind viele Abstufungen möglich. Die Wärme- oder Kältegrade sind ein Bild dafür, wie warm oder wie kühl die Beziehung ist, sie geben aber nicht an, warum es so ist. Die Gründe dafür mußt Du noch suchen.

Jetzt schau' Dir die Temperaturen genau an. Es muß nicht so bleiben, wie es ist, auch das Wetter kann sich ändern. Vielleicht willst Du es bei einzelnen Personen lieber wärmer haben. Überlege Dir, was Du dafür tun kannst. Es ist aber auch nicht sinnvoll, daß Du bei allen Menschen Temperaturen von +30° C erreichst. Das würde nicht der Wirklichkeit entsprechen und die Unterschiede zwischen einzelnen Menschen nicht ernstnehmen. Vergiß auch nicht zu schauen, wie Du Temperaturen von +30° C halten kannst, damit sie nicht plötzlich absacken.

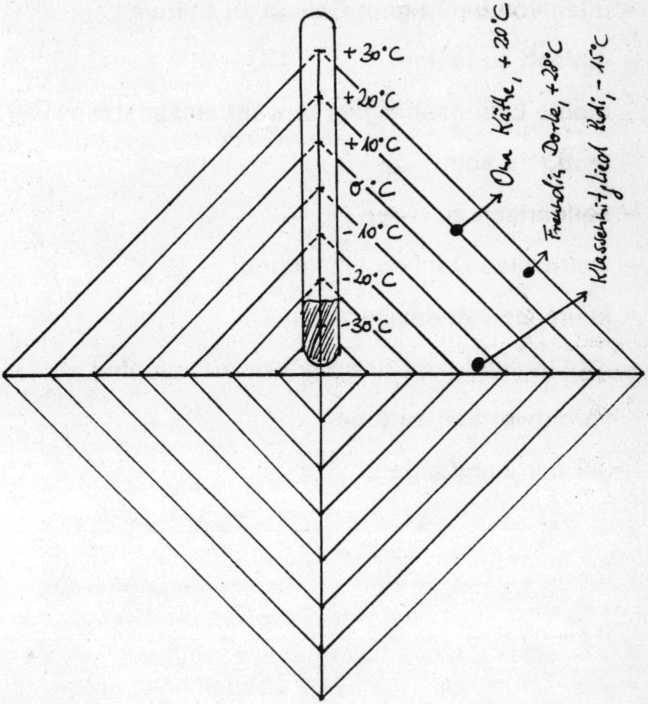

ES IST ZEIT

- zu merken, daß wir ein Teil der Schöpfung sind
- zu verhindern, daß unsere Lebenswurzeln immer mehr zerstört werden
- zu sehen, daß der Ernstfall da ist
- einen eigenen Lebensstil zu finden
- mich von unnötigem Ballast zu befreien
- einfach zu leben
- meine Lebensenergien bewußt einzusetzen
- mutig zu sein
- solidarisch zu leben
- weltweites Denken einzuüben
- keine Gewalt anzuwenden
- für Gerechtigkeit und Frieden zu kämpfen
- verantwortlich zu leben
- bei mir anzufangen
- — — — — — — — — — — — — — — — —
- — — — — — — — — — — — — — — — —
- — — — — — — — — — — — — — — — —

Aus Wurzeln leben

NACH UNS DIE SINTFLUT!
Bitte nicht schon wieder...

BANGE FRAGE

Die Laternen
sind erloschen.
Plötzlich.

Bange Frage:
Ist der Ernstfall da,
den etliche beschworen,
zu viele
für unwahrscheinlich hielten?

Doch noch nicht.
Wir leben noch
am nächsten Morgen.

Stromausfall.
Sparmaßnahme.
Zwischenlösung.

Wir leben noch.

Klaus Huber

WIRKLICH WIRKLICHKEIT?

ICH hab die Wirklichkeit nicht nötig,
brauch mich vor Megatonnen nicht zu fürchten.
Denn nichts kann meine Power stoppen,
solange Nachschub für den Laser
durch den Münzschlitz rollt.

Ich hab die Wirklichkeit nicht nötig,
brauch vorm Alleinsein nicht zu zittern.
Denn solang die Ewings alles packen,
schützt die Glotze mich davor.
J. R. ist mit den Seinen.

Ich hab die Wirklichkeit nicht nötig,
brauch nicht vor ihr ins Hemd zu machen.
Wenn die mir auf die Pelle rückt,
hab ich genügend Flaschen, Pillen, Spritzen,
um mich und meinen Arbeitsplatz zu schützen.

Ich hab die Wirklichkeit nicht nötig.
und manchmal nur, in stillen Stunden,
frag ich mich dann, rechts hinten im Gehirn,
ob es nicht wirklich so ist,
daß die Wirklichkeit
mich nötig hätte...

Piet Baumgärtner

GEWISSEN

Ich habe zu essen
habe zu trinken
ein Dach überm Kopf
Radio, Fernsehen, Zeitung
Ich habe viele Möglichkeiten

aber ein schlechtes Gewissen
habe ich nie gehabt...

Thomas Heitlinger

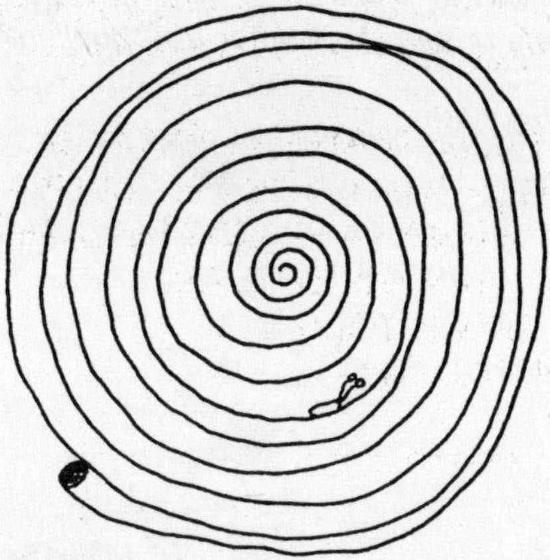

Siehst du dort –
den großen Müllhaufen?
Schau mal genauer hin –
was siehst du noch?
Ja, genau – lauter Menschen.
Sie wühlen herum,
suchen nach Eßbarem,
weil sie es vor Hunger
fast nicht mehr aushalten.
Suchen was Warmes,
weil ihre Kinder frieren.
Suchen genau das,
wovon wir im Überfluß haben
und es nicht einmal merken.
Oder – denkst du an diese Menschen,
wenn du siehst,
wie unsere Mülleimer überquellen?

Moni Bellert

Zu was sind wir eigentlich bereit?
frage ich mich, wenn ich die Welt anschaue.
Sind wir überhaupt zu etwas bereit,
oder suchen wir immer nur das Bequemste?
Ist es zuviel verlangt,
statt 140 Stundenkilometer nur 100 zu fahren?
Ist es so anstrengend,
das Abfallpapier drei Meter weit zu tragen?
Sind wir schon so bequem,
daß wir auch die kürzeste Strecke
mit dem Auto fahren müssen?

Wir suchen die Schuld bei allem Möglichen,
doch wir sind zu feige,
bei uns selbst zu suchen.
Oder haben wir je daran gedacht,
bei uns selbst anzufangen?
Immer verlassen wir uns auf andere.
Wir sind leichtgläubig und blind.
Erst, wenn es auch an die eigene Haut geht,
fangen wir an aufzuwachen –
aber selbst dann nur ganz langsam.

Moni Bellert

MUTTER ERDE

sag, mutter:
hört denn keiner deinen schrei?
sind sie denn taub,
deine kinder?

warum sonst
quälen und foltern sie dich
tag für tag,
wühlen in deinen eingeweiden,
verbrennen dir deine haut,
verätzen und vergiften deinen körper
und saugen ohne dankbarkeit
an deiner brust?

sag, mutter:
sind sie denn blind,
deine kinder?

sehen sie nicht
deine häßlichen narben,
deine offenen und eiternden wunden,
aus denen langsam das leben fließt?

wann endlich
werden sie sie bemerken:
die nabelschnur,
die verbindung von ihnen zu dir,
ohne die sie
nicht leben können.

Lothar Kürz

Nachts erzählten sich die Bäume im Rauschen der Blätter ihre alten Geschichten und klagten sich ihr Leid. Und von Jahr zu Jahr wurden ihre Geschichten trauriger.

Alles Übel hatte damit angefangen, daß die Menschen eines Tages vom heiligen Baum der Mitte Früchte abgebrochen hatten. Seitdem war ihnen kein Baum mehr heilig.

Riesige Wüsten breiteten sich aus und vertrieben die Bäume; viele Bäume durften nicht so wachsen, wie sie wollten, und wurden mit Gewalt in eine Ordnung gezwängt, die ihnen fremd war. So wurde das Leben der Bäume immer beschwerlicher.

„Wir können hier nicht länger wohnen", klagten die Bäume, „das Wasser, das vom Himmel fällt, schmeckt uns nicht mehr. Auch das Wasser, das in der Erde fließt, ist fast ungenießbar. Graugelbe Schwaden nehmen uns das Licht der Sonne. Wir haben keine Luft mehr zum Atmen."

Der Mond hörte die Klagen der Bäume und fragte voller Mitleid: „Was wollt ihr tun?" „Wir wollen auswandern und einen Ort suchen, an dem wir leben können", antworteten die Bäume, „aber keiner von uns kennt einen solchen Ort."

Der Mond überlegte lange, wie er den Bäumen helfen könnte. Da entdeckte er einen Stern voller Sehnsucht nach Leben am anderen Ende der Milchstraße.

„Geht dorthin, da könnt ihr leben", riet er den verzweifelten Bäumen.

„Aber – wie sollen wir zu diesem Stern kommen? Wir stehen doch hier festverwurzelt und können nicht einmal einen kleinen Schritt gehen!"

Doch der Mond ließ diesen Einwand nicht gelten. „Vergeßt nicht, ihr seid nicht nur Pflanzen der Erde, ihr seid

auch Geschöpfe des Himmels. Wer streckt sich so wie ihr meiner Schwester, der Sonne, und mir, dem Mond, entgegen? Und wenn ihr in Blüte steht, gleicht ihr einem Firmament voller Sterne. Mit euren Wurzeln holt ihr die vergängliche Kraft der Erde – aber die Schönheit eurer Gestalt hat auch in der Ewigkeit Bestand. Nein – ihr seid Geschöpfe des Himmels und könnt auch im Himmel wohnen – auch wenn ihr das schon längst verlernt habt."

Die Vögel hörten die wundersamen Gespräche der Bäume mit dem Mond. Und in ihnen wurde der Wunsch immer größer, mit den Bäumen zu dem fernen Stern zu fliegen. Schnell sprachen sich die Pläne bei den anderen Tieren herum. Alle waren sich einig: Wir wollen fort von diesem Planeten, den die Menschen Erde nennen.

Eines Nachts geschah es. Den Bäumen gelang es, mühsam die Wurzeln aus dem kargen Boden zu lösen. Alle Pflanzen und alle Tiere erhoben sich und eilten zu dem fernen Stern, der voller Sehnsucht nach Leben war. Dort ließen sie sich nieder, um zu wohnen.

Als die Menschen erwachten, war die Erde nackt und leer. Keine einzige Pflanze und kein lebendiges Wesen außer ihnen selbst war da. Erst als die Menschen ihren riesigen Hunger mit Steinen stillen mußten, wuchs auch in ihnen langsam die Sehnsucht nach Leben, und sie versuchten, die Sprache der Pflanzen und Tiere zu lernen, um sie vielleicht eines Tages zurückrufen zu können.

Bernhard Kraus

da sitze ich nun hier am tisch
vor mir ein leeres blatt papier
und will schreiben
über das sterben der bäume

als ob ich worte finden könnte
für den schmerz und die trauer
als ob ich worte finden könnte
für meine angst

als ob ich es sagen könnte
ich hätte noch hoffnung
als ob ich den mut hätte
zu leben in einer welt
in der es bald nur noch
kahle hänge geben wird

als ob ich vom leben reden könnte
wo mir doch der tod vor augen steht
auch meiner

aber irgendwo tief in mir
da spüre ich doch noch hoffnung
und den wunsch
überleben zu können
und irgendwo tief in mir
steckt der glaube
an ein wunder

Sabine Dziobek

FRAGEN AN DIE WINDBUCHEN AUF DEM SCHAUINSLAND

Wie könnt ihr nur an diesem kargen Ort leben?
Woher nehmt ihr die Ausdauer,
euch jahrein, jahraus vom Sturm
zerzausen zu lassen,
ohne umzufallen?
Und woher die Kraft,
in den langen Winternächten standzuhalten,
ohne zu ersticken?
Träumt ihr von einem bequemeren Platz
in einem saftig-grünen Wald?
Kämpft ihr nicht auf einem
längst verlorenen Posten?

Gott sei Dank antworten die Bäume mir nicht
und trotzen weiter dem Wind.
Sie haben sich die Stelle nicht ausgesucht,
an der sie aus der Erde
in den Himmel wachsen.

Bernhard Kraus

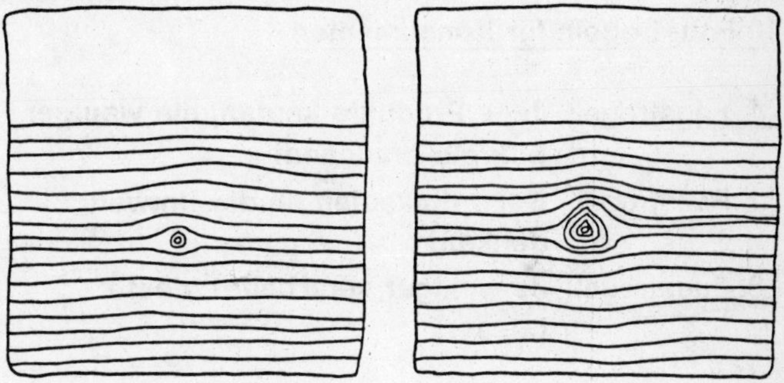

alles Wachsen beginnt tief unter der Oberfläche

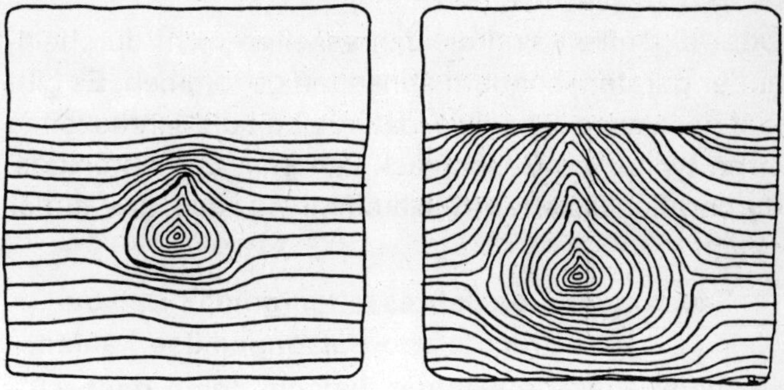

10 Faustregeln für Konsumenten

1. Faustregel: **Jene Produkte kaufen, die weniger Energie brauchen!**
2. Faustregel: **Beim Einkaufen an die Umwelt denken!**
3. Faustregel: **Je weniger verarbeitet, desto besser!**

Stichwort saisongemäß

Im Supermarkt sind die Jahreszeiten durcheinander geraten: Frischer Spargel im Oktober und frische Erdbeeren zu Weihnachten.

Oder eigentlich sind die Jahreszeiten nicht durcheinander geraten, sondern abhanden gekommen. Es gibt fast das ganze Jahr alles, dafür haben die Jahreszeiten ihren typischen Geschmack verloren. Ein eintöniges, durchrationalisiertes Schlaraffenland, das uns ärmer macht.

4. Faustregel: **Den Jahreszeiten gemäß Saisonfrüchte und Saisongemüse kaufen!**
5. Faustregel: **Je weniger Fleisch, desto besser!**
6. Faustregel: **Je weniger Zucker, desto besser!**
7. Faustregel: **Tee und Kaffee im „Dritte-Welt-Laden“ einkaufen!**
8. Faustregel: **Teurer macht nicht schöner!**
9. Faustregel: **Selber bestimmen, was Mode ist!**
10. Faustregel: **Brauche ich das wirklich?**

Meine persönlichen Faustregeln

Laß Dich von nebenstehenden Faustregeln zu neuen anregen, oder überlege Dir zu jedem Punkt, was das für *Dich* bedeuten könnte.

1. Faustregel:

2. Faustregel:

3. Faustregel:

4. Faustregel:

5. Faustregel:

6. Faustregel:

7. Faustregel:

8. Faustregel:

9. Faustregel:

10. Faustregel:

11. Faustregel:

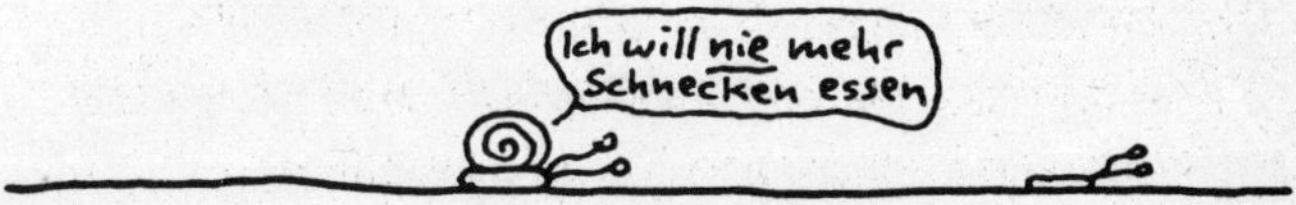

ES IST ZEIT

- eine große Sehnsucht nach Leben zu haben
- mich von einem langen Weg nicht abschrecken zu lassen
- nie mit dem Wachsen aufzuhören
- meine Angst zu ertragen
- Geborgenheit zu spüren
- anzuhalten, um aufzutanken und umherzublicken
- Richtungen zu sehen
- Quellen zu suchen
- Auswege zu finden
- wenigstens kleine Schritte zu wagen
- immer wieder aufzustehen
- Freude für den Weg zu suchen
- zu fragen, wer ich bin und was ich will
- trotz allem zu hoffen
- — — — — — — — — — — — — — — —
- — — — — — — — — — — — — — — —
- — — — — — — — — — — — — — — —

Unterwegs schon den Sinn spüren

UND DANN MACHST DU DICH AUF DEN LANGEN WEG
(Warnung)

Bewahren willst du dich
den festen Boden nicht verlieren
unter deinen Füßen
die Luft ist gut, da, wo du stehst
für alles andre, meinst du
mußt du büßen
Was soll das Unbekannte, Neue
das dich erschreckt, weil du's nicht kennst
du hältst dir selber stets die Treue
und keinem du ins Messer rennst

Du kannst schon mit dem Feuer spielen
doch brennen ist für dich tabu
du hältst schön Maß mit deinen Gefühlen
verletzt, verwundet wirst auch du

Du strengst dich an, um brav zu sein
der Lohn läßt auf sich warten
und eines Tages siehst du ein
den Zaun um deinen Garten

Und dann stehst du reichlich zitternd
auf dem Boden, der nicht trägt
und du fühlst ganz dumpf
das war doch noch nicht alles
irgendwer hat dich da ganz schön angelogen
und dann greifst du nach dem Leben
und du merkst, es ist zu spät
und du hast dich dauernd um dich selbst betrogen

Und dein Garten kommt dir eng vor
und du hast endlich genug
eingeschrumpft in Anstand und in Würden
und verzweifelt suchst du nach dem Ausweg, nach dem Tor
doch da sind nur Mauern, sind nur hohe Hürden

Und gelähmt stehst du nun da
und kannst keinen Schritt mehr geh'n
wie ein Film läuft dein Leben vor dir ab
und du merkst nur: so kannst du nicht besteh'n
die Luft wird dünner und dein Atem knapp

und du merkst, wie viel zu oft du deinen Blick gesenkt
hast nur ja gesagt und meintest so oft nein
und irgendwas, nicht du, hat seinen Schritt gelenkt
und dein Versäumtes gräbt sich schmerzlich in dir ein

Und dann machst du dich
auf den langen Weg
reißt die Mauern, die du brauchtest, wieder ein
baust zu den trockengelegten Sehnsüchten
wieder einen Steg
und das Wasser, das du jetzt trinkst, schmeckt nach Wein

Ilse Schulenburg

Dicke schwarze Steine
rollen auf mich zu
wie eine Lawine.

Ich schreie,
will mich wehren,
aber sie kommen
immer näher.

Ich will sie wegstoßen –
doch ich bin ja nur
ein wehrloser Grashalm,
der kaum sagen kann,
was er will;
dem es verboten ist
zu fühlen;
der irgendwie zu leben
versucht.

Immer mehr Steine
rollen auf mich zu
– laut und hart –
und versuchen,
mich völlig zum Schweigen
zu bringen,
mir alle Rechte
zu rauben,
meinen Verstand
zu erschlagen,

meine Gefühle
zu erdrücken.

Niemand hört mein Schreien.
Niemand hat den Mut,
mir zu helfen.

Und die dicken schwarzen Steine
fallen immer wieder
über uns her –
solange,
bis wir endlich
entwurzelt sind und
aufhören zu wachsen.

Aber –
da können sie
lange warten!

Moni Bellert

Hoch oben im Gebirge, am Rande einer tiefen Schlucht, lag ein kleines Dorf. Senkrecht stürzten die Felswände in die Tiefe, aus der dicke Nebelschwaden und das Geräusch von brodelndem Wasser emporstieg.

Manchmal wagten sich die Dorfbewohner bis an den Abgrund vor und starrten lange in das Dunkel. Selbst die kleinen Kinder führte man immer wieder bis auf die äußersten Felsspitzen. Die Alten waren sicher, daß mit jedem schwindelndem Schaudern, das ausgehalten wurde, in den kleinen Herzen der Lebensmut größer wurde.

Die Kinder trieben unmittelbar neben dem Felsabsturz ihre fröhlichen Spiele. Es wird nicht berichtet, daß jemals ein Kind in den Abgrund gefallen sei, denn alle hatten gelernt, an diesem gefährlichen Platz zu leben.

Eines Tages kamen Männer aus der Ebene. Erschrokken sahen sie, wie sich direkt neben den Häusern die tiefe Schlucht auftat.

„Es ist zu gefährlich, hier zu leben", sagten sie und errichteten einen hohen Zaun, um den Abgrund abzusichern.

Kurze Zeit danach kletterte ein Kind über den Zaun und fiel in die Tiefe.

Die Männer aus der Ebene kamen wieder und bauten eine riesige Mauer, damit es nicht noch einmal zu einem Unglück komme.

Schnell gewöhnten sich die Menschen an die Mauer. Die Kinder durften sie mit bunten Bildern bemalen. Keiner vermißte die dunklen Nebelschwaden und das ferne Brodeln des Wassers. Bald wußte niemand mehr, was sich hinter der Mauer verbirgt. So lebten sie weiter, hoch oben im Gebirge.

Bernhard Kraus

DW 1985

Laß den Anker
deines Bootes
tief auf den
Grund fallen
sonst wirst du
langsam abgetrieben
sonst verlierst du dich
in der Weite
des Meeres

Gabriele Suhm

du
wenn wir den mut aufbringen
dann können wir noch was erleben
zusammen
weitergehen ein stück des weges
und ein wenig verändern
am schicksal der erde

du
wenn wir unsere hände im spiel haben
gemeinsam
dann könnte meine hoffnung wachsen
und meine angst würde erträglicher

und – du
vielleicht
entdecken wir neu
wie leben ist

Sabine Dziobek

ich trau mich nicht
spring' schon, ich fang' Dich auf!

ERMUTIGUNG

Hab ruhig den Mut,
selbst
auf das Leben zu hören,
anstatt immerzu
andere für dich
Ohr sein zu lassen.

Hab ruhig den Mut,
selbst
die Augen zu öffnen,
anstatt immerzu andere für dich
Eindrücke schildern zu lassen.

Hab ruhig den Mut,
selbst
das Buch zu schreiben,
das deines Lebens Weisheit birgt,
anstatt immerzu
andere für dich
aussuchen zu lassen,
was dir zum Leben dient.

Hab ruhig den Mut,
selbst
dein Leben in die Hand zu nehmen,
anstatt es immerzu dir von anderen
in die Hand legen zu lassen.

Klaus Huber

Zwiespalt

Angst und Hoffnung
liegen dicht
nebeneinander
bei mir

Doch manchmal
habe ich
Angst vor der
Hoffnung

Dann weiß ich auch nicht mehr
weiter...

Thomas Heitlinger

Taktik?

Gerne versteck' ich mich
hinter Wörtern
oder Masken

und hoffe dabei
Ihr erkennt mich nicht

in meiner Angst
und Verletzlichkeit

Und seltsam,
das klappt auch noch

Thomas Heitlinger

Ich spüre

Aufbruchstimmung,
Verunsicherung,
Nachdenklichkeit.

Wie kann ich in dieser Gesellschaft leben?
Wie stehe ich zu Werten wie Eigentum, Besitz?
Wo muß ich Verantwortung übernehmen?

Mache ich es mir nicht zu leicht,
wenn ich sage,
daß ich sowieso nichts ändern kann?
Muß ich nicht in einem viel größeren
Maß bei mir selbst anfangen?

Sabine Rimmele

dürfen wir wollen?
oder sollen wir wollen?
müssen wir vielleicht sogar wollen?
können wir es überhaupt?

Rainer Kunz

SECHS ECKPUNKTE
DREI GERADEN
ZWEI DREIECKE –
DER KREIS
DES LEBENS?

LEBEN BEGINNT
WO DIESER KREIS ZU
LEBEN BEGINNT

Oliver Freymark

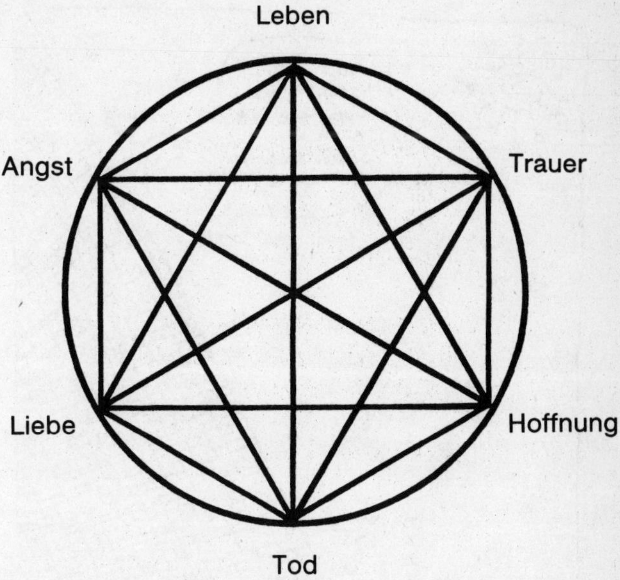
Leben
Angst
Trauer
Liebe
Hoffnung
Tod

Auch das größte Ziel muß man mit kleinen Schritten erreichen!
Ja, aber ich will auch unterwegs schon einen Sinn spüren

Es wird erlassen:

Wer eine Blume pflanzt,
darf nicht mehr gefragt werden:
Warum pflanzest Du keinen Baum?

Wer einen kleinen Schritt wagt,
darf nicht mehr gefragt werden:
Warum bist Du nicht schon am Ziel?

Wer auch nur einen Gedanken zu Ende denkt,
darf nicht mehr gefragt werden:
Warum weißt Du nicht den Ausweg?

Wer noch einen Traum hat,
darf nicht mehr gefragt werden:
warum reicht Deine Hoffnung nicht für alle?

Bernhard Kraus

WIRKLICH:
EIN WEG IN DER WÜSTE

Fürchte dich nicht, denn ich befreie dich
und rufe dich beim Namen.

Fürchte dich nicht,
denn ich bin mit dir.

Gehst du durch Wasser:
ich bin bei dir,
durch Ströme:
sie werden dich
nicht überfluten.

Gehst du durch Feuer:
du wirst nicht verbrennen;
die Flamme wird dich
nicht versengen.

Denn ich bin Jahwe,
dein Gott und dein Helfer.

Einst bahnte ich durch das Meer eine Straße
und einen Pfad durch mächtige Wasser.
Aus der Knechtschaft Ägyptens
habe ich euch herausgeführt.

Doch denkt nicht mehr an das,
was früher geschah,
schaut nicht mehr auf das,
was längst vergangen ist!
Seht, ich schaffe Neues;
schon sproßt es auf.
Merkt ihr es nicht?

Wirklich:
ich schaffe in der Wüste einen Weg
und Pfade in ödem Land.

nach dem Propheten Jesaja (Kap. 43)

DEIN PERSÖNLICHER SINN-KALENDER

Du brauchst dafür 52 leere Blätter, für jede Woche eines. Schreibe auf jedes Blatt den betreffenden Monat, die Woche, und zeichne Dir für jeden Tag ein Feld ein. Das ist die ganze Vorbereitung. Schreibe nun während der Woche, am Abend eines jeden Tages, in das entsprechende Feld etwas, was Dir tagsüber als sinn-voll oder hoffnungs-voll erschienen ist. Das können ganz kleine Erlebnisse sein oder eine gute Idee von Dir oder ein Gedanke, den Du gelesen hast oder etwas, was Dir gelungen ist oder...

Am Ende der Woche suche Dir aus einer alten Zeitschrift oder aus einem alten Kalender ein passendes Bild aus und klebe es über das Geschriebene. Du kannst natürlich auch selbst etwas malen oder gestalten.
Schon nach ein paar Wochen wirst Du wahrscheinlich erstaunt sein, wieviel sinnvolle Dinge täglich passieren, die sonst im Alltagstrubel untergehen.

P.S. Übrigens wird daraus ein schönes, ganz persönliches Geschenk, um anderen Leuten Mut zu machen.

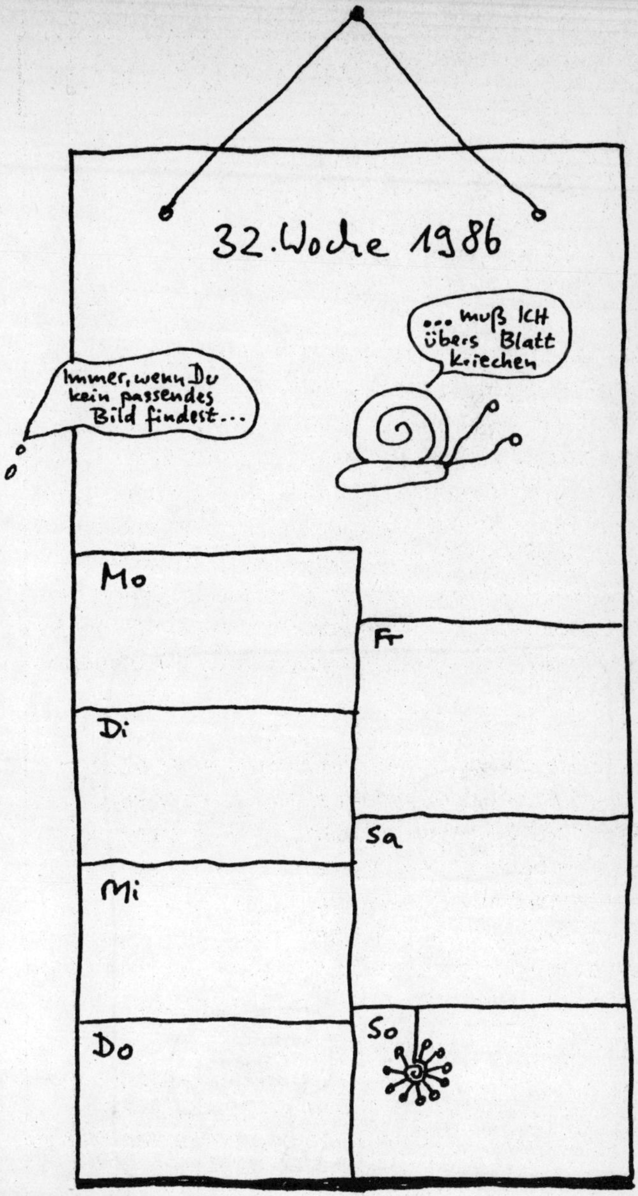
32. Woche 1986
Immer, wenn Du kein passendes Bild findest...
... muß ICH übers Blatt kriechen
Mo
Di
Mi
Do
Fr
Sa
So

ich hab' den Faden verloren
komm, wir spinnen einen neuen

Schreib-werkstatt

Ich schreibe über Ungerechtigkeiten ...

Ein Gespräch mit Moni Bellert

Moni, erzähle uns zuerst was über Dich!

Ich bin die Moni Bellert aus Munzingen bei Freiburg und bin 17 Jahre alt. Zur Zeit besuche ich das einjährige Berufskolleg auf einer hauswirtschaftlich-sozialpädagogischen Schule, weil ich im nächsten Jahr eine Ausbildung als Säuglingsschwester beginnen will. Ich liebe den Umgang mit Kindern, habe selbst sieben Geschwister und einen Pflegebruder. In meiner Freizeit male und schreibe ich viel, gehe gerne spazieren und bin Mitglied einer CAJ-Gruppe.
Diese Erfahrungen dort haben mich sicher auch angeregt, die Welt mit bewußteren Augen zu sehen.

Was ist die CAJ? Das mußt Du uns näher erklären.

Die CAJ ist die Christliche Arbeiterjugend, die sich vor allem um die Situation in den Betrieben kümmert. Es geht auch um Probleme wie Lehrstellensuche, Ausbildung und Arbeitslosigkeit. Ich treffe mich regelmäßig mit den anderen Gruppenmitgliedern und bekomme von dort viele Informationen vermittelt.

Wie und wann bist Du zum Schreiben gekommen?

Schon von klein auf habe ich gemerkt, daß es mir liegt. Selbst in der Schule habe ich gerne Aufsätze geschrieben. So richtig bewußt damit angefangen habe ich, als ich 14 war und anfing mit meinen Eltern und anderen Leuten Probleme zu bekommen. Ich schreibe vor allem, wenn es mir so richtig gut oder schlecht geht, und erhalte eigentlich immer neue Gedanken und Lösungen.

Dann schreibst Du hauptsächlich für Dich selbst, um Deine persönlichen Probleme zu verarbeiten?

Schon, aber ich schreibe auch über politische Zustände, die mir nicht passen, oder über Ereignisse, die mich freuen und ermutigen. Ich habe auch schon Texte für jemanden speziell geschrieben, um ihm etwas Wichtiges von mir zu zeigen. Manchmal gebe ich auch etwas an die Zeitschrift der CAJ weiter, damit es auch andere lesen können.

Welche Reaktionen erfährst Du, wenn Deine persönlichen Texte öffentlich werden?

Das kommt natürlich immer auf die Leute drauf an, aber die meisten akzeptieren die Gedichte als etwas Wichtiges von mir. In der Regel sind die Leute erstaunt und bewundern mich auch ein bißchen. Ich erhalte aber oft auch neue Gedanken, die mich anregen und weiterbringen.

Du schreibst auch über politische Zustände, hast Du gesagt.

Ich schreibe über Ungerechtigkeiten in der Gesellschaft, über die Dritte Welt und über Einschränkungen, die mich persönlich hindern, so zu leben, wie ich es für richtig halte. Ich entdecke immer mehr, daß alles zusammenhängt und der Problemberg riesig ist. Damit setze ich mich eben in Form von Gedichten auseinander, aber nicht nur dadurch.

Sondern? Was tust Du sonst noch für diese Auseinandersetzung?

Ich schreibe z. B. auch Artikel über diese Probleme, verteile Flugblätter und habe gegen den RAMBO-Film Plakate aufgehängt. Mein Ziel ist halt, Leute über diese Zusammenhänge aufzuklären und Informationen weiterzugeben.

Ein weit verbreitetes Bild von einem Dichter ist, daß er zu Hause im stillen Kämmerlein vor sich hin „dichtet" und weniger, daß er sich in der Öffentlichkeit engagiert – von Ausnahmen abgesehen. Wie kriegst Du beides zusammen?

Ich habe Zeiten, wo ich mehr auf mich eingehe und mich eher zurückziehe, und dann habe ich wieder Zeiten, wo ich mich mehr mit Dingen außerhalb konfrontieren lasse und mehr engagiert bin. Aber ich nehme mir immer die Zeit zum Schreiben, denn es hilft mir eben bei der Verarbeitung.

Wie sieht es denn ganz praktisch aus, wenn Du etwas schreibst?

Viele Dinge kommen mir im tagtäglichen Leben, fallen mir auf. Das kann in der Schulstunde sein oder in der Straßenbahn, dann schreibe ich es sofort auf. Es kommt auch vor, daß mich ein Problem über einen längeren Zeitraum immer wieder beschäftigt. Dann setze ich mich hin und nehme mir vor, meine Gedanken festzuhalten. Meistens schreibe ich einfach drauf los, wie es grad kommt, und korrigiere hinterher wenig dran rum. Ich habe ein „Gedichtbuch" angelegt, wo ich alles von mir sammle.

Deine Gedichte sagen Dir viel über Dich selbst. Wie spricht so ein Text zu Dir?

Schon beim Schreiben wird mir so viel klar. Die Gedanken werden dadurch einfach deutlicher und stehen schwarz auf weiß vor mir. Hinterher lese ich es immer wieder, auch nach größeren Zeitabständen, und verfolge dadurch meine Gedanken und Probleme. So kann ich etwas über mich selbst erfahren und erkenne immer mehr von mir selbst.

In einem Deiner Texte kommt ein ganz bedrohliches Bild vor: die schwarzen Steine, die Dich überrollen wollen. Was ist Dein Hintergrund für diese Vorstellung?

Ich habe das geschrieben, als ich 14 war. Ich habe mich tatsächlich bedroht gefühlt von Leuten, die mich nicht verstehen wollten oder sich von mir abwendeten, wenn es mir schlecht ging. Auffallend ist, daß gerade auf dieses Gedicht viele unheimlich positiv reagieren, weil sie dieses Gefühl des Überrollt-Werdens ganz genau kennen.

Was würdest Du jemanden raten, der sich selbst das Schreiben nicht richtig zutraut, es aber eigentlich gerne tun möchte?

Ich glaube, daß dieses Schreiben nichts mit speziellen Fähigkeiten zu tun hat. Ich traue jedem zu, daß er das aufschreiben kann, was ihn beschäftigt. Wichtig ist, daß jeder seinen eigenen Ausdruck findet, und der sieht bei jedem Menschen anders aus. Von daher läßt er sich nicht bewerten, es gibt dabei also kein gut oder schlecht.

Welchen Deiner Texte magst Du selbst am liebsten?

Die „Schwarzen Steine" sind seit langem mein Lieblingsgedicht. Je nach dem, wie ich mich gerade fühle, spricht mich mal ein Text mehr oder weniger an. Eigentlich mag ich aber alle meine Gedichte. Manche finde ich eindrucksvoller, manche etwas flacher, wenn ich nicht so ausdrücken konnte, was ich wollte.

Wie findest Du es, daß Deine Gedichte in einem Buch veröffentlicht werden sollen?

Zuerst war ich erstaunt. Jetzt freue ich mich echt darüber und bin auch stolz darauf.

Das Gespräch führte Gaby Melcher. Gedichte von Moni Bellert findet Ihr auf den Seiten 72, 73, 88f.

AUSWEG

Schreib' ich dir,
was mich bewegt,
bist du vielleicht aufgerührt.

Schreib' ich,
was mich nicht bewegt,
bleibst du vielleicht unberührt

Also schreib' ich,
was ich angemessen finde,
und hoffe,
du erahnst die Gründe.

Klaus Huber

MEINE TAGE ZÄHLEN . . .

Anregungen zum Tagebuchschreiben

30. Dezember

Wieder geht ein Jahr zu Ende – was ist mir eigentlich davon geblieben? Wie so oft am Jahresende erwacht bei mir der Vorsatz: Im nächsten Jahr schreibe ich Tagebuch! Gleich morgen mache ich mich auf und besorge mir das nötige Handwerkszeug.

1. Januar

Was soll ich denn nun mit meinem neuen Füller in mein schönes Notizbuch schreiben? Eigentlich weiß ich gar nicht so recht, was mir an diesem Tag wichtig war: das Essen, das Wetter, die Leute, die ich getroffen habe, ein Satz aus dem Buch, das ich an Weihnachten geschenkt bekommen habe, Gedanken über „Gott und die Welt“, Ärger...

Es fällt mir schwer, mich zu entscheiden, denn: sieht es nicht so aus, als ob alles, was ich nicht aufschreibe, unwichtig und unbedeutend für mich wäre? Irgendwie fehlt mir ein Maßstab für die Auswahl. Vielleicht ist das Tagebuchschreiben doch nichts für mich? So lege ich mein leeres Tagebuch erst mal wieder zurück ins Regal.

5. Januar

Das Schreiben läßt mir doch keine Ruhe.

Beim Stöbern im Bücherschrank entdecke ich verschiedene gedruckte und veröffentlichte Tagebücher: z. B. die Briefe und Tagebücher von Sophie und Hans Scholl. Sie schreiben sehr viel anscheinend Belanglo-

Do	Fr	Sa	**So**	Mo	Di	Mi
Sa	**So**	Mo	Di	Mi	Do	Fr
Di	Mi	Do	Fr	Sa	**So**	Mo
Do *	Fr *	Sa *	**So**	Mo *	Di *	Mi *
So	Mo *	Di *	Mi *	Do *	Fr *	Sa *
Mi	Do	Fr	Sa *	**So**	Mo	Di

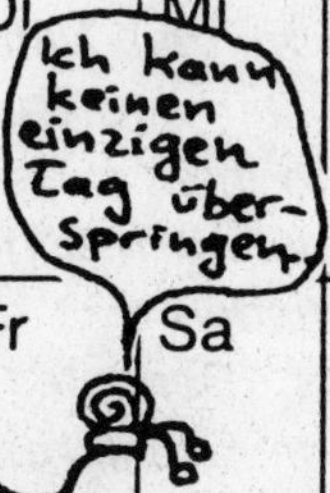

ses, über das Wetter, die Natur, ... – Doch wenn ich mir das Datum anschaue – es ist mitten im 2. Weltkrieg –, werde ich betroffen:
Ein Jahr später werden die beiden als Mitglieder der Widerstandsgruppe „Weiße Rose“ hingerichtet. Obwohl sie sich in einer sehr ernsten, ja lebensgefährlichen Situation befanden, konnten sie jeden Tag auch die kleinen Dinge wahrnehmen und so vielleicht bewußter (er-)leben.
Am meisten faszinierten mich die Tagebücher von Luise Rinser. Das erste schrieb sie im Gefängnis, nachdem sie von den Nationalsozialisten verhaftet worden war. Später wird das Tagebuch ihr ständiger Begleiter. Neben ihrer sonstigen literarischen Arbeit schreibt sie in unregelmäßiger Folge immer auch Tagebuch. Darin finden sich dann Gedanken über gerade Gelesenes, Berichte über Reisen oder das Zusammentreffen mit interessanten Menschen, politische und gesellschaftskritische Anmerkungen, ganz private Gedanken oder auch einfach ein Gespräch über den Gartenzaun mit der Nachbarin...
Nachdem ich noch in verschiedenen anderen Büchern (Anne Frank, Max Frisch, Ulrich Schaffer...) gelesen habe, bin ich zunächst ganz deprimiert. Die Tagebücher sind alle in außergewöhnlichen Situationen oder von Leuten, deren Handwerk das Schreiben ist, verfaßt. Und ich, mit meinem ganz „gewöhnlichen“ Leben und keinerlei schriftstellerischen Absichten? So toll bringe ich das ja nie zustande.
Aber schließlich will ich mein Tagebuch auch gar nicht veröffentlichen (manchmal wundert's mich sowieso, wie leicht manche Autoren ganz Persönliches der Öffentlichkeit preisgeben) – ich schreibe ja nur für mich. Ich vergesse jetzt mal alle Vorbilder!

Eine Aussage von Max Frisch gefällt mir gut: „Das echte *Tagebuch ist diffus."*
Also – einfach mal drauflosschreiben!

Im April
Beim Zurückblättern in meinem schon halbgefüllten Tagebuch fällt mir auf, daß ich viel Negatives aufgeschrieben habe: Ärger mit anderen Leuten, Angst vor etwas Bedrohlichem, Ungewissem, Wut auf mich selbst... Ich nehme wohl Negatives eher wahr als Angenehmes.
Aber ich merke auch, daß die Wut oder der Ärger inzwischen verraucht sind, daß sich die Angst gelegt hat oder daß es mir zumindest gelungen ist, einigermaßen damit umzugehen. Doch auch Schönes habe ich festgehalten:
das Lächeln eines Unbekannten beim Spaziergang, ein geglücktes Gespräch, das schon längst anstand, oder einfach den Anblick einer gerade aufgeblühten Blume, die mir Freude für den ganzen Tag brachte.
Auch Träume habe ich notiert, verrückte, unerklärbare, rätselhafte.
Es ist ganz spannend zu sehen, was so im letzten Vierteljahr alles los war – und zwar nicht die großen Ereignisse, sondern Erlebnisse, Gefühle, Gedanken, die ich vielleicht schon längst wieder vergessen hätte – wäre da nicht mein Tagebuch.
Es macht Spaß, mich durchs Schreiben etwas besser kennenzulernen, zu merken, wo Entwicklungen stattfanden, wie ich Situationen erlebt und „gemeistert" habe, und daß es einfach auch „leere" Tage gab, die nichts zum Aufschreiben hergaben und die doch genauso zu meinem Leben gehören.
Ich werde also weiterschreiben – so wie bisher, mal in

Stichworten, mal in wohlgeformten Sätzen, mal ein Gedicht oder ein paar Zeilen aus einem Zeitungsartikel, mir meinen Ärger von der Seele schreiben oder ein Problem schreibend noch einmal durchdenken.
Nicht immer schaffe ich es, mir jeden Tag Notizen zu machen. Aber oft habe ich „mein" Buch einfach dabei und nütze eine kleine Pause, um aufzuschreiben, was mich gerade bewegt.
Am Abend lege ich mein Tagebuch auf den Nachttisch, um eventuell noch ein paar Gedanken vor dem Einschlafen festzuhalten, um einfach nochmal zurückzublättern, um beim Aufwachen einen Traum oder erste Gedanken zum neuen Tag aufzuschreiben.

3. Mai

„Unsere Tage zu zählen, lehre uns!
Dann gewinnen wir ein weises Herz" (Psalm 90,12).

Das ist eigentlich ein schönes „Motto" für mein Tagebuch, denn ich glaube, es ist ein wichtiger Schritt, der mich auf meinem Weg zu einem erfüllteren und bewußteren Leben weiterbringt.

Gina Kraus

LESETIPS

Meine Tagebücher:

- Das Tagebuch der Anne Frank (Fischer-Taschenbuch).
- Max Frisch: Tagebuch 1946–1949; Tagebuch 1966–1971 (Suhrkamp Verlag).
- Marie-Luise Kaschnitz: Tage, Tage, Jahre (Fischer-Taschenbuch).
- Luise Rinser: Gefängnistagebuch; Baustelle; Grenzübergänge; Kriegsspielzeug; Winterfrühling (alle Fischer-Taschenbuch); Im Dunkeln singen (Fischer Verlag).
- Ulrich Schaffer: Ich ahne den wechselnden Weg – im Tagebuch sich selbst begegnen (Kreuz Verlag).
- Hans und Sophie Scholl: Briefe und Aufzeichnungen (Fischer Verlag).
- Frère Roger Schutz: Blühen wird deine Wüste im Herzen – Tagebuchaufzeichnungen (Herderbücherei).

G. K.

heute

7.00 ____

7.30 ____

8.00 ____

8.30 ____

9.00 ____

9.30 ____

10.00 ____

10.30 ____

11.00 ____

11.30 ____

12.00 ____

12.30 ____

13.00 ____

13.30 ____

14.00 ____

14.30 ____

15.00 ____

15.30 ____

16.00 ____

16.30 ____

17.00 ____

17.30 ____

18.00 ____

19.00 ____

20.00 ____

21.00 ____

21.30 ____

Das Wichtigste ____

SPÄTER?!

Immer sagst du:
später...

Eines Tages
wird es
kein Später
mehr geben

und du
erkennst
daß du nicht
ans Ende
deines Lebens
gelangt bist

sondern
am Anfang
stehengeblieben

Sabine Dziobek

EINLADUNG

Wir laden alle Leser, denen dieses Buch gefallen hat, ein, selbst Texte zu schreiben und sie uns zu schicken. Die „Schneckenbücher" sind ein Experiment, das dann gelingen kann, wenn Leser und „Buchmacher" miteinander ins Gespräch kommen. Zu folgenden Themen planen wir weitere „Schneckenbücher" und brauchen Beiträge:

- *Jedes Jahr das gleiche – Schritte gegen den Trott*
- *Sozialeinsatz – Erfahrungsberichte (z. B. Zivildienst, Freiwilliges Soziales Jahr ...)*
- *Weg-Geschichten – Der Weg ist ein Bild des Lebens.*

Bitte schicke Deine Texte / schicken Sie Ihre Texte an den Herder-Verlag, Herderbücherei-Schneckenbücher, Hermann-Herder-Str. 4, 7800 Freiburg i. Br.
Genauso interessiert sind wir an Rückmeldungen zu den Beiträgen dieses Buches. Gerne leiten wir Briefe an die Autoren weiter

Gaby Melcher   Bernhard Kraus

QUELLENVERMERK

S. 59: Aus: anstiftungen. Ein Hoffnungsbuch für junge Menschen, hrsg. von G. Biemer, A. Biesinger, W. Tzscheetzsch, Verlag Herder, Freiburg i. Br. 1982, S. 56.

S. 82: Die „10 Faustregeln für Konsumenten" wurden mit sämtlichen Begründungen, Schlußfolgerungen und Buchtips von Anne-Marie Holenstein zusammengestellt und sind erhältlich bei der „Erklärung von Bern", Gartenhofstr. 27, CH-8004 Zürich oder in „Dritte-Welt-Läden".

Die Zeichnung auf den Seiten 49, 77, 91 stammen von Dieter Weißenberger.
Der Linolschnitt auf S. 74 stammt von Sabine Dziobek.
Die Schneckenbilder zeichnete Bernhard Kraus; die Zeichnungen auf den Seiten 22, 25, 100 sind bereits gedruckt erschienen in: Bernhard Kraus, Schneckensprüche. Dem Leben auf der Spur, Verlag Herder, Freiburg i. Br. 1985.
Die „Zeit für Dich"-Anregungen auf den Seiten 26f., 50f., 64f., 83, 102f. sind von Gaby Melcher geschrieben.
Foto S. 125: Barbara Haemmerle.

DIE MITARBEITER

Piet Baumgärtner, 21 Jahre
Auszubildender aus Denzlingen

Moni Bellert, 17 Jahre
Schülerin aus Munzingen bei Freiburg

Sabine Dziobek, 19 Jahre
Abiturientin aus Villingen

Oliver Freymark, 18 Jahre
Abiturient aus Pforzheim

Thomas Heitlinger, 21 Jahre
Zivildienstleistender aus Eppingen-Rohrbach

Stefan Hettich, 20 Jahre
Zivildienstleistender aus Haslach

Klaus Huber, 39 Jahre
Lehrer und Liedermacher aus Achern

Regina Kraus, 31 Jahre
Hausfrau und Mutter aus Kirchzarten

Marianne Kreichgauer, 21 Jahre
Abiturientin aus Bad Schönborn

Rainer Kunz, 20 Jahre
Student aus Ettlingen

Lothar Kürz, 26 Jahre
Student aus Freiburg

Sabine Rimmele, 20 Jahre
Schülerin aus Rielasingen

Andrea Sauermost, 18 Jahre
Schülerin aus Waldkirch

Clemens Schaub, 33 Jahre
Jugendreferent aus Freiburg

Veronika Schlör, 18 Jahre
Schülerin aus Buchen

Ilse Schulenburg, 32 Jahre
Hausfrau und Mutter aus Lauda-Königshofen

Christel Straub, 32 Jahre
Diplompädagogin aus Freiburg

Michaela Striebich, 17 Jahre
Schülerin aus Bad Schönborn

Gabriele Suhm, 17 Jahre
Schülerin aus Gengenbach

Georg Veit, 21 Jahre
Krankenpflegeschüler aus Karlsruhe

Dieter Weißenberger, 23 Jahre,
Student aus Freiburg

Gaby Melcher und Bernhard Kraus
im Gespräch mit Ilse Schulenburg

Schneckenbücher

geschrieben von jungen Leuten
für junge Leute

Band 1275 macht Mut, sich selbst zu entdecken und den eigenen Fähigkeiten zu vertrauen.

Band 1339 zeigt, wie man seinen eigenen Weg findet. Der Band erscheint im Februar 1987.

Herausgegeben werden die **Schneckenbücher** von Bernhard Kraus und Gaby Melcher.
Man kann sie in jeder Buchhandlung kaufen oder bestellen.

Verlag Herder · Freiburg · Basel · Wien